GARDE A VOUS!

DÉDIÉ

A LA

GARDE NATIONALE

PAR

LE CAMPAGNARD

JEAN DUPONT

Prix : 50 cent.

LYON

Imprimerie COSTE-LABAUME, cours Lafayette, 5.

1871

GARDE A VOUS!

AVERTISSEMENT

DÉDIÉ

A LA

GARDE NATIONALE

PAR

LE CAMPAGNARD

JEAN DUPONT

LYON

IMPRIMERIE COSTE-LABAUME, COURS LAFAYETTE, 5.

1871

INTRODUCTION

L'opuscule que nous présentons au public a été inspiré par cette seule pensée : maintenir la République, en la démontrant nécessaire au bien-être de tous, en persuadant qu'elle est parfaitement possible, qu'il n'y a que cette forme de gouvernement qui soit incontestable, parce qu'elle est un principe, une vérité éternelle.

La République, établie sur les bases du suffrage universel, sincèrement pratiqué, est le plus pur produit de la pensée humaine ; le peuple français est suffisamment préparé pour recevoir ce gouvernement par excellence.

La République étant de droit, lorsqu'un peuple est mûr pour l'établir, nous voudrions prouver aux indifférents, trop nombreux, hélas ! que leur intérêt en dépend ; que le retour d'une monarchie ne serait que de très-courte durée ; qu'une nouvelle révolution ramènera logiquement le règne de la démocratie ; que pour leur repos et leur sûreté, les populations ne sauraient trop y songer, et que tous les efforts qu'elles feront pour maintenir la République, seront largement récompensés.

La Garde nationale est une des pierres d'angle de l'édifice républicain; et l'on est généralement peu frappé de cette vérité, qui devrait, par sa lumineuse simplicité, éclairer tous les esprits,

Nous sommes assuré d'être dans le vrai en formulant ces paroles, cet axiome : **La Garde nationale, c'est la République.**

Que nous voudrions, par notre concours, aider les Républicains éclairés à retremper d'une manière durable les masses. Quant à ceux qui ont le sens droit, juste et détaché d'un intérêt tout personnel, ceux dont le jugement n'a pas été faussé par un esprit de parti trop exclusif, ceux-là sont à nous !

Que nous voudrions persuader aux hommes des champs quelle force possède la Garde nationale, c'est-à-dire la nation se gardant elle-même, la nation qui retrouve sa dignité en conquérant ses droits.

L'auteur de cette brochure s'adresse principalement à ceux qui ont malheureusement cette fatale tendance à rester indifférents envers la chose publique et, voyant que rien ne se publiait (du moins il le croit), pour faire pénétrer cette idée de l'immense utilité de la force citoyenne, pour ouvrir les yeux aux masses des villes et surtout des campagnes, il a pensé se rendre utile en démontrant que la Garde nationale, organisée dans toute la France et jusque dans le moindre hameau, était la sauve-garde de tous. Il se permet d'essayer. Sa grande crainte est, en publiant cet écrit, de ne pas être lu, justement par ceux auxquels il s'adresse.

L'auteur, sans fausse modestie, espère que l'indulgence lui sera acquise, il la réclame simplement, mais avec fermeté.

C'est pour la première fois (ses amis le savent), qu'il tente de convaincre par la plume, et peut-être que ce sera la dernière, tout dépend de l'accueil qui sera fait à sa brochure.

Il ne compte absolument que sur cette considération : le grand désir qu'il a de se rendre utile. Le fond fera accepter la forme qui l'enveloppe, il est bien entendu que l'intention sera senle en cause et non l'exécution.

PREMIÈRE PARTIE

De certains Républicainsdangereux pour la République.

I

En présence des malheurs qui affligent notre chère patrie, tout homme de cœur gémit et cherche, comme d'instinct, une voie de salut pour son pays.

Notre République naissante, que de grands patriotes, des hommes généreux voudraient, pour le bien-être de tous, voir se fonder d'une manière durable ; notre République court, il faut se l'avouer, des dangers sérieux. Il faut l'avouer encore, toute dure qu'en soit la vérité, c'est que certains hommes qui, sans aucun mandat, se sont mis à l'œuvre dans plusieurs cités, ont, par leur manie de tout vouloir réformer, régénérer, par les mesures intempestives, maladroites et souvent vexatoires qu'ils ont prises, ont déconsidéré ce qu'ils voulaient avant tout défendre; et n'ont prouvé qu'une chose, le danger des dictatures.

Ces étourneaux politiques, qui sont si fiers des applaudissements qu'ils recueillent d'un auditoire plus qu'indulgent, n'ont-ils jamais eu de ces retours de conscience, leur posant ces simples questions : « Crois-tu à ce que tu viens de dire? N'as-tu pas uniquement cherché à flatter? Ne cherche-tu pas ton seul intérêt? » Ah bien oui ! on rit au mot de conscience ! On flatte aujourd'hui, on réussit peut-être demain. Puis, l'on trouve quelque moyen adroit pour envoyer à tous les diables ces dupes qui ont eu la simplicité de vous croire.

II

La défaillance publique permet à quelques écervelés de prendre le pouvoir dans ces moments où la dictature est forcée, ne durât-elle que quarante-huit heures, mais il faut la rejeter aussi vivement que possible en recourant aux suffrages de tous.

Ces hommes qui étaient, pour la plupart, bien intentionnés ont, par leur manque de tact et de pratique, discrédité la République. Les masses, qui ne jugent les choses que par les produits qu'elles donnent, se sont tenues ce raisonnement : « Tiens, voilà comme ils entendent la République ; mais cela ne fait pas du tout notre affaire. »

Les coureurs de popularité compromettent toujours la cause qu'ils ont la folle prétention de défendre.

Ces bohêmes politiques sont de vrais ennemis de la République ; et nul de ses adversaires, cachés ou déclarés, ne lui ont fait plus de mal qu'eux.

Cette partie exaltée est une certaine chose qu'on peut désigner sous le nom de loupes, qui poussent sur la démocratie.

III

La majorité de nos conseillers municipaux sont sur une pente qu'ils voudraient bien ne pas descendre, mais le comité a posé ses jalons. Que diable !

Parlons de l'instruction élémentaire :

Pourquoi pratiquer si peu, pas du tout même,

ces principes de liberté au nom desquels le côté exalté gesticule si fort quand il n'est rien. Il est très-beau, sans doute, d'être libre-penseur ; mais quand on fonctionne pour tous, il ne faut pas effaroucher, ni montrer le bout de l'oreille, l'amour de la dictature !

Il est bien certain qu'un conseil élu peut choisir les instituteurs payés des deniers de la Commune, mais un comité ? Oh non ! Encore, ce conseil élu doit-il tenir compte des habitudes, des croyances ; enfin, n'arriver qu'avec ménagement à résoudre les problêmes posés.

Vous avez beau vous démener en affirmant que vos intentions étaient bonnes, que vous désiriez former des Républicains éclairés, vous avez manqué le but en le dépassant, par l'absence de ce qui ne s'apprend guère, le tact et le bon sens. La main sur le cœur, êtes-vous contents de votre besogne ? Si oui, vrai, vous n'êtes tolérants que pour vous.

Ayant transformé, d'un coup de baguette, les frères des diverses congrégations en autant de martyrs, enchanteurs que vous êtes ! vous avez, du même coup, ameuté contre la République, bien innocente, hélas ! de vos bévues, toutes ces bonnes âmes, ces mères de l'enfant du peuple.

IV

Mais, vous ignorez que les mères dans leur ménages l'emportent toujours sur leurs maris. Grâce à la placidité, à l'insouciance de ces derniers, elles gagnent tous les procès relatifs aux affaires religion et instruction.

Vous aimez donc donner un petit air farouche à

la République? Comment, grands enfants, chérissez-vous toujours les boîtes à surprises? Vous aviez tout simplement à faire ceci : donner la plus grande extension à l'institution laïque, laissant dans leur crasse les congréganistes ; ces derniers auraient bien été forcés de marcher au pas, dans leur propre intérêt. Vous n'auriez pas monté contre la République la cabale des abrutisseurs, et, chose non moins précieuse, vous n'auriez pas désaffectionné quantité de gens qui ne demandaient que le règne de la démocratie véritable.

Il y a gros à parier que nous allons être traité de Républicain bourgeois, peut-être même de jésuite déguisé. République bourgeoise? C'est le refrain de ces extravagants qui n'ont qu'un seul souci, passer pour des purs, des sincères amis du peuple. Jésuite? Allons, bon ! le grand mot est lâché. On a réponse à tout avec cela. Mais, farceurs, plus vous parlez des jésuites et plus vous exagérez leur importance. Laissez donc ces très-bons pères, furieusement prendre la jaunisse que leur vaut une ambition aussi malsaine que démesurée.

V

Parlons des octrois : voilà une réforme intelligente. C'est une pâture jetée à ce monstre toujours affamé nommé la popularité quand même! La suppression des octrois a produit quelque chose ; si ce n'est de la monnaie, c'est à coup sûr la stupéfaction générale, compliquée de cette peur d'une apparition immanquable de quelque équipée pour remplacer l'impôt supprimé. Tombaient-ils des nues tous ces braves gens qui, dans le péril extrême où nous étions, voyaient tarir stupidement une source assez abondante de revenus. Comment, à l'instant où il fallait de l'argent, encore de l'argent, et toujours beaucoup d'argent, on se privait d'un impôt sinon juste du moins très-productif, et dans ce moment où tant de gens s'étaient rangés à la République, on faisait crier à l'inquisition par les mesures prises. Ah les maladroits ! Quel mal ils ont fait !...

Les Républicains sérieux et Dieu merci il n'en manque pas, n'en furent qu'attristés, mais les masses...

Comment, dictateurs nommés par vous-mêmes, voilà le parti intelligent que vous avez su tirer de cet état des choses, du peuple, lui qui dans son dégoût pour ce pouvoir se laissant glisser dans ses ordures, avait acclamé la République. Vous n'êtes que les ours émoucheurs de la démocratie. Vous ne visez qu'un but, la satisfaction de votre vanité tapageuse.

VI

La question des octrois est jugée. Elle est le contrepied de la justice distributive ; mais c'est une question complexe qui demande, pour être résolue, non seulement le savoir des gens compétents pour le coté technique, mais surtout le concours de ceux qui se sont occupés sérieusement de la science sociale.

L'impôt de l'octroi est injuste, vexatoire, et n'est qu'une entrave pour les transactions. Il ne peut exister sous une République démocratique, mais sa réforme demande pour son application, une large compensation, un correctif puissant en faveur des populations agricoles.

Et chacun sait trop les besoins impérieux que l'agriculture doit satisfaire. C'est la mère nourricière, et l'industrie est son enfant et son complément obligé. L'industrie prenant un développement considérable, atteint ce degré de splendeur, hélas! qui cause les grandes misères, et fait délaisser les travaux de la terre.

On peut dire d'un peuple qui s'adonne exclusivement à l'industrie, qu'il ne possède pas les éléments nécessaires d'un avenir longuement assuré. Un peuple qui a longtemps pratiqué l'agriculture, mais qui par un entrainement spéculatif, s'est livré à l'industrie ainsi qu'aux arts qu'elle fait naître, ce peuple a rompu l'équilibre, la balance est en faveur de l'industrie, et les malaises, les crises causés par les stagnations, iront toujours grandissant. Ces cruelles incertitudes du travail produisent des déchirements. Ces grèves désolantes, sont les affreux résultats qui de nos jours jettent l'épouvante chez les nations.

Cette propension des fils du laboureur à quitter les champs pour courir à la ville. Cet attrait irrésistible pour les plaisirs qu'on s'y promet, comme pour les bénéfices qu'on y espère, produisent ces migrations qui font la rareté des travailleurs de la terre, augmentent la plaie du chomage, portent à la révolte et font pulluler comme mauvaises plantes les parasites si nombreux dans les villes. Nous ne faisons pourtant qu'effleurer les maux sans nombre que cause la migration des campagnes vers les cités.

La vraie science politique et sociale doit résoudre ce problème. Des allégements d'impôts, des encouragements sérieux et nombreux doivent être offerts aux travailleurs des champs. Vienne ensuite la mobilisation de la valeur foncière faite avec discernement, et le travail agricole, le plus utile, le plus noble de tous, rentrera dans la carrière qu'il a parcourue vaillamment, mais qu'il illustrera plus encore.

SECONDE PARTIE

Sur la situation et les différents partis.

I

Les vieux partis s'agitent, il est des hommes qui les servent de bonne foi. Ils vont chercher naïvement a ramener le pays aux traditions gouvernementales. Et croyant lui rendre la tranquillité après ces jours d'angoisses et de mortelles inquiétudes, s'imaginent niaisement qu'une monarchie sagement réglée, pourrait à tout jamais réunir ces deux conditions indispensables à toute société, l'ordre par la liberté, donnant la stabilité.

II

D'autres ne voient de possible pour le maintien de la paix publique, et l'espoir prochain d'une ère de prospérité, que la remise de nos quelques libertés entre les mains d'un pouvoir omnipotent. C'est toujours le duel de l'ordre et de la liberté que ceux-ci rêvent.

III

Quant au retour du système impérial, il est jugé et condamné ce pouvoir honteux. Ce corrupteur des âmes, lâche parmi les fanfarons, voleur parmi les larrons. C'est une ignoble et ruineuse mascarade qui est bien finie.

IV

Mais il est un parti, soutenu par de grandes intelligences qui n'ont jamais transigé; qui ont supporté l'insolence des heureux du jour, des vendus au plus cynique despotisme. Ces hommes ont été abreuvés d'ironie comme s'il y avait imbécillité à défendre les droits de tous. Ces hommes sont convaincus, que non seulement l'avenir appartient à la République, mais que le présent doit faire partie de son domaine. Car enfin la forme républicaine comme l'entendent ces esprits sages, et comme l'accepteraient une foule d'honnêtes gens qui ne demandent que le gouvernement pouvant offrir le plus de garantie; la République doit être ce gouvernement qui est naturellement ménager des deniers publics, qui répand l'instruction avec équité, par l'obligation qu'il se fait un devoir [d'exiger de tous, par la gratuité qui la rend accessible à tous.

La République vulgarisant toutes les connaissances utiles, laissant chacun à ses croyances en rendant les cultes libres dans la nation libre, n'ayant qu'un seul but celui de rechercher les moyens les plus convenables, les plus accélérés pour former l'éducation politique, qui rend l'homme plus symphatique envers ses semblables, et qui fait de lui un véritable citoyen.

On doit ajouter, que la République est le seul gouvernement qui de sa nature, soit assez robuste pour supporter les modifications, les améliorations, puisque ces améliorations naissent d'elle.

La République n'a rien à craindre des frayeurs qui assaillent une nation en monarchie, lorsque celle-ci perd son titulaire.

C'est de la République qu'un grand esprit a dit que c'était le gouvernement qui nous divisait le moins. En effet, c'est le seul terrain sur lequel puissent se placer tous les partis et les annihiler même dans un temps donné.

Nous avons l'exemple salutaire de peuples qui, à l'aide des institutions républicaines, marchent d'un pas assuré sur la route du progrès. Mais une chose des plus consolantes pour les affligés, c'est que la République les relève à leurs propres yeux, comme à ceux de leurs frères plus favorisés par l'instruction et la fortune. Elle redresse les humbles, car c'est par tous que ce gouvernement existe, c'est par tous qu'il se meut, et tous se forment au droit d'ingérance par l'exercice des réunions publiques et par le vote fréquemment répété.

V

Reprenons les deux points de vue dans lesquels se placent les restaurateurs de monarchie constitu-tionnelle, de droit divin, et passons sur l'impéria-lisme.

Premièrement. Les restaurateurs de monarchie constitutionnelle rêvée par les honnêtes du parti ont déjà abondamment fourni la preuve que toutes leurs reconstructions sont bâties sur le sable Ils n'ont pas l'air de se douter que ces replâtrage de convention, d'institutions décrépies, les font passablement ressembler au fameux Sisyphe.

Ils ne voient donc pas, ces hallucinés, qu'en tuant la République, une révolution à courte échéance ramènera logiquement les choses et les idées qu'ils auront cru étouffées dans le sang. C'est ce que finiront bientôt par comprendre les masses, et les moins avisés ne pourront se refuser à l'évidence.

Deuxièmement. Quant aux restaurateurs du droit divin, du pouvoir omnipotent, il ne vaut pas la peine qu'on s'en occupe sérieusement. C'est par le ridicule que l'on tue le ridicule.

VI

Une drôlerie fameuse, c'est l'aplomb de ce droit divin, qui déclare ne vouloir tenir que du peuple le pouvoir. Mais, ergoteurs, quand donc avez vous vu qu'un contrat politique liât à tout jamais les descendants de ceux qui l'avaient adopté.

Ils ont vu, les malheureux, le 2 décembre, exploiter si fructueusement le suffrage universel, que l'eau leur en est venue à la bouche. Dis donc, escamoteur, tu as réussi ! Vite, employons le même tour ! Mais, gaillards, vous êtes tellement retors que vous en devenez bêtes. Le suffrage universel, suivant vous, se prononcerait juste une fois, et ce serait pour prononcer sa condamnation à mort.

Comment, vous les fils des Croisés, vous faites les yeux doux au suffrage de tous ; ah ! que vous êtes dégénérés !... Où es-tu, lys immaculé !

Allez, passez, pauvres gens, le suffrage universel ne peut rien vous donner.

VII

Deux fils de Nîmes, la ville aux belles antiquités romaines, discutaient chaudement les différents mérites de deux lutteurs en renom dans le pays. L'un des athlètes avait une force prodigieuse; l'autre une élégance doublée d'une adresse surprenante. Celui des jeunes gens qui prenait parti pour l'athlète élégant, dit tout à coup : « Ton homme a *tombé* le mien; *il est fort pour la force, autrement de ça y n'est pas fort.* » Appliquons, en le retournant, le mot aux légitimistes; on peut leur dire : « *Vous n'êtes pas forts pour la force, autrement de ça vous êtes forts.* Oui, vous êtes forts par la ruse et faibles pour le droit, et pourtant l'une de vos trompettes a cru sonner à merveille en annonçant que Dieudonné ne voulait rien tenir que du suffrage universel. Cet heureux mortel se tenait ce petit raisonnement : La voix du peuple étant la voix de Dieu, notre ancien droit ayant la même provenance, ces deux voix réunies doivent en produire une un peu fameuse. Notre affaire est bonne !

VIII

Pour les monarchies, nous avons parlé de leurs entrepreneurs qui sont de bonne foi; mais les gredins qui ne voient dans cette réapparition d'une royauté qu'un moyen de satisfaire leur ambition pestiférée, ceux-là sont tout simplement des infâmes, eux qui répandent les erreurs les plus grossières, qui font croire aux uns que nous ne sommes pas mûrs pour une République, aux autres que ce gouvernement est d'une essence trop parfaite pour être conduit par les hommes qui sont l'imperfection même. Ces erreurs, savamment dirigées, habilement exploitées, finissent par prendre racine dans l'esprit des ignorants et atteignent des proportions mons-trueuses.

Ces erreurs, funestes à la chose publique, doivent être ardemment combattues; il faut en démontrer avec énergie les conséquences désastreuses; nous avons la vérité pour nous, donc nous sommes forts!

Sous les auspices de ces monarchies réputées sages, de ces pouvoirs réputés forts, les dépravés toujours triomphent. Les royautés sont l'atmosphère où germent et se développent le favoritisme insolent et les injustices traditionnelles; et quelque bien in-tentionné que soit un roi, il est toujours circonvenu et perdu par ceux là même qui ont le plus grand in-térêt à sa conservation.

Une monarchie est, de sa nature, portée à l'er-reur, puisque de sa nature elle tend pour sa conser-vation à l'immobilité; et cette propension à l'immo-bilité, lorsqu'elle s'allie à quelques systèmes corrup-teurs comme savent les inventer ces gouvernements, font naître cet esprit adulateur qui ne vit qu'en rampant, et ces honteux priviléges qui, déteignant sur le peuple, causent cet abaissement du niveau mo-ral si funeste de nos jours; un peuple dans ces con-ditions perd tout sentiment de juste et honnête fierté, toute initiative lui fait défaut, il devient lâche, traître ou débile dans les grandes calamités, il est livré, dépouillé de toute énergie à l'envahisseur.

C'est alors que les agitateurs ont beau jeu; c'est
dans ces moments que la faible raison d'un peuple
le rend cette chose maléable, que les sauveurs de
société savourent avec tant de délices.

Mais chez une nation un peu consciente d'elle-
même, la réalisation d'une pareille violation des
droits de tous, serait impossible.

Les droits et les devoirs, voilà ce qu'il faudrait
qu'un peuple comprît; mais comment peut-il distin-
guer, comment saura-t-il pratiquer les premiers,
réclamer les seconds dans l'état d'ignorance où il
est plongé. Comment peut-il comprendre qu'on arrive au droit par le chemin du devoir: un peu de clair-
voyance, un peu le désir de s'instruire, d'un coté;
et beaucoup de dévouement, beaucoup d'activité de
la part de ceux qui savent; et les populations séront
convaincues parce qu'elles seront éclairées. Elles
sauront que par leur apathies elles sont un peu les
auteurs de leur misérable condition sociale.

TROISIÈME PARTIE

Cherchons et nous trouverons.

I

Pour éviter les extrêmes qui nous font marcher à
l'opposé de la vérité, quelle est la pierre d'achoppe-
ment qu'il faut choisir? Quelle est la planche de salut offrant à nos pas chancelants quelque solidité?

Qnel phare guidera nos esprits effarés? On peut répondre que, grâce à la Providence qui a placé toujours le remède près du mal, grâce au bon vouloir nous trouverons, que disons nous, nous possédons ce précieux remède. Il ne nous reste plus qu'à l'appliquer d'une main ferme et prudente. Mais nous ne le pouvons espérer, qu'en cherchant par tous les moyens à inculquer chez les masses le désir de s'occuper de la chose publique.

II

Quelques-uns ont rejeté sur le manque d'idée religieuse de notre époque, tous les fléaux du siècle.

Combien ont signalé avec amertume le manque absolu d'instruction chez une trop grande partie de la nation, comme l'entrave la plus sérieuse mise au travers de la marche vers le progrès.

Combien de sceptiques et d'hommes qui sont, ou s'intitulent pieux, ont voué à tout jamais la pauvre espèce humaine au malheur, prétextant que la justice, le bonheur, ne pouvaient exister, n'étaient pas de ce monde ; en tous cas, ne pouvaient être que le partage de quelques élus ; c'est-à-dire de par le hasard qui rend heureux par avance ceux qui ne sont pas nés. Est-il rien d'aussi impie que ces pieux ou prétendus tels ?

Répondons à ces trois questions :

Premièrement — Le manque d'idée religieuse.

Oui, la religion est tombée en désuétude et grandement par sa faute. Ses lamentations n'ont que de faibles échos.

Depuis 89, les digues sont rompues. La raison de

l'homme a repris son empire. Le libre arbitre a remplacé la foi aux simples croyances, non sans commettre de dangereux écarts. On peut comparer cette époque à l'état d'un jeune homme qui, fier de ne plus être en tutelle, compte sur sa raison pour se guider dans la vie. Il sourit de pitié aux croyances des premiers jours. Mais il lui manque un guide sûr. La fièvre de la liberté lui trouble le jugement. Cette exaltation passée, la désillusion arrive, une prostation d'abord se manifeste, puis fait place au doute, le père du scepticisme.

Notre époque est l'image de ce sceptique dont le cœur et la raison n'ont pourtant pas sombré. Les croyances du jeune âge se remplacent par une foi en l'avenir. Son esprit s'ouvre aux aspirations consolantes. Il espère! donc il est sauvé!

La religion, telle qu'on la pratique généralement, et dont on a fait l'abus le plus déplorable, a été ce qu'elle devait être, mais ne peut donner ce que certains hommes tout confits en patenôtres espèrent d'elle.

La religion croit se maintenir par son esprit de résistance. Elle a une tendance à l'immobilité, qui lui vaut une pétrification de chaque jour.

Que n'a-t-elle fait route commune avec l'esprit du siècle? Que ne cherche-t-elle à guider les élans de la pensée qui aspire avec effort, mais constamment vers un sort moins douloureux. Mais loin de là ; dans un but de conservation, elle lance l'anathème, contre ce qui vient à l'encontre de ses coutumes surannées, de ses croyances décrépies, et manque à la mission qu'elle devait remplir.

III

Deuxièmement. — Du manque d'instruction.

C'est la plus grâve et la plus pressante des ré-
formes ; sans elle point de phare pour nous guider.
Notre foi en l'avenir restera lettre morte, sans instruction. Mais l'instruction obtenue ne serait pas
suffisante à elle seule. Il faut que l'éducation citoyenne marche de pair avec l'instruction. La première élève les âmes, leur donne la virilité. La
seconde élargit l'esprit. Il est des peuples chez qui
l'instruction très développée, laisse informe l'éducation civique, nous en savons quelque chose, pour
notre malheur.

Un obstacle est causé par la difficulté qui nait
des rapports de celui qui demande le travail et de
celui qui le donne. Les conditions actuelles du la-
beur sont un empêchement à l'accélération de l'instruction et de l'éducation. Patience, patience. La
participation d'abord des ouvriers sérieux, donnant
l'exemple à leurs camarades découragés ; l'associa-
tion ensuite, amèneront un état de choses où l'instruction et l'éducation ne subiront plus d'en-
traves.

Le capital, cette bête noire, ce levier des anar-
chistes, sera conduit à rechercher le placement dans
les associations, qui offriront des garanties qu'on
ne trouve pas souvent dans les entreprises illusoires
et malsaines, que les habiles savent si bien monter.
L'unité d'intérêt par l'union d'action étant en voie
d'exécution, l'instruction et l'éducation, ces deux
ressorts de la République fonctionnant par le suffrage
de tous, produiront l'accord si longtemps désiré.

IV

Troisièmement. — Le bonheur ne peut être de ce monde.

Quant aux sceptiques, aux religieux praticiens, ces gens là mourront dans l'impénitence finale. Les vrais comme les faux dévots crient à l'abomination quand on touche à la religion. Vous sapez la seule chose qui donne quelque solidité à la société en péril, disent-ils : Vous nous conduisez aux discordes. Vous irritez le pauvre contre le riche et le moins qu'il en puisse résulter, c'est la négation de la propriété et le renversement des choses qu'il faut respecter. Ah bigre !!! Eh bien, nous, qui n'avons pas le respect des choses sacro-saintes, nous croyons être plus sincérement religieux que vous en croyant à l'universalité de la Providence. Et nous dirons :

Paix aux hommes de bonne volonté. Honneur à ceux qui ne se laissent pas abattre par le découragement ; qui, les moments de tristesse passés, se relèvent bientôt confiants dans le succès final de la lutte du bien contre le mal. Ceux-là sont forts, ils sont soutenus par l'espérance en laquelle ils trouvent toujours un refuge.

La tâche est belle pour les hommes de cœur. Elle sera d'autant glorieuse, qu'elle aura présenté plus de difficultés à vaincre.

Ceux que le génie illumine nous montreront d'autres voies que les sentiers battus, et feront renaître à la vie sociale, tous ces morts qui marchent.

V

Peut-être, grâce à la rude leçon reçue aujourd'hui, que l'esprit public secouera sa torpeur

Nous sommes comme le fiévreux qui se reconnait enfin, comprend le vide et le néant dans lequel il se débattait péniblement. De l'excès du mal peut naître le bien.

Oui, le bien, le juste, luiront bientôt dans un avenir rapproché. Cette apathie funeste, d'où sort, comme d'une source naturelle, l'égoïsme surexcité par la pernicieuse maxime du chacun pour soi : doit disparaître.

Cette indifférence pour la chose publique qui fait si bien les affaires des mécréants de tous les partis, sera remplacée par la participation de tous.

Cette soif d'un luxe effréné, cette satisfaction de l'appétit brutal, d'où dérivent l'engeance maudite des blasés, des ramollis ; toute cette légende du vice entrera en décomposition et sera chassée par les hommes imbus de l'esprit fraternel, de l'esprit nouveau. Ces ombres, qui sont l'imposture, reculeront et fuiront épouvantées devant la lumière, image de la vérité.

La société, dégagée des liens misérables où l'ont retenu si longtemps les préjugés impies, les malentendus et les erreurs entretenus par les exploiteurs vivants de ce cahos d'ignorance, la société pourra se comprendre et se mettre à l'œuvre, pénétrée de cette vérité, que la création ne peut nous avoir jetés en ce monde pour notre tourment continuel.

QUATRIÉME PARTIE

De la Garde nationale et du suffrage universel.

I

Comme moyen, aussi efficace que naturel, qui peut régénérer notre société abatardie, se présente la garde nationale organisée comme l'exige son principe, c'est elle qui garde la République en se gardant elle-même. Elle tient en ses mains puissantes le sort de la nation. Elle est le régulateur et le pondérateur de cette arme terrible, le suffrage universel.

II

Le suffrage de tous ne peut marcher que s'il est guidé par ces deux éclaireurs, l'instruction et l'éducation citoyenne. C'est un problème dont la solution presse.

Le suffrage universel, considéré par les penseurs, comme un fruit cueilli trop vert, qui était le but à atteindre, est, par une forte secousse, devenu le moyen. L'effet a été pris pour la cause; les rôles sont intervertis; mais gardons-nous bien d'y revenir; on a le suffrage de tous; il faut le garder et justement parce qu'on l'a. C'est une arme dangereuse qui blesse, non-seulement l'ignorant qui s'en sert, mais encore son voisin; mais l'imprudent apprendra son usage, en s'aidant de l'instruction et de l'éducation civique, ces auxilliaires indispensables,

Un des effets salutaires du suffrage universel est de faire l'office de soupape de sûreté, en laissant s'échapper une certaine somme de furie qui, accumulée, comprimée, produirait une explosion formidable.

Le suffrage universel relève les humbles et les rend, pour accomplir ce devoir, les égaux des autres citoyens. Il sera un puissant moyen de ralliement quand il procèdera d'une façon éclairée, sans haine d'un côté, comme sans méfiance de l'autre.

Le suffrage de tous n'égale pas la puissance de ralliement que possède la garde nationale, mais il lui vient en aide.

Avec l'instruction et l'éducation civique, le suffrage universel ne sera plus ce qu'on le voit.

Ces masses, qui votent aveuglément, bénévolement inconscientes de leurs actes, sont toujours fortement tirées en arrière.

Ces masses, qui votent aveuglément aussi, mais avec l'esprit farouche, celles-ci fortement poussées en avant. Toutes deux, trompées, fascinées, les premières, par les prôneurs d'abnégation, de résignation ; les secondes, par les hâbleurs en démocratie. qui chauffant à blanc les passions politiques. De ces deux jongleurs, l'un glorifie le suffrage universel, parce qu'il le trouve toujours soumis à ses doctrines laudatives, il adore un électeur ne sachant ni lire, ni écrire, et repousse systématiquement l'instruction répandue à flots. Il trouve bien ce qui est. Son intérêt personnel lui suffit.

L'autre, qui excite et porte à l'ébullition, les désirs et les aspirations insensées. Sa vanité satisfaite lui suffit. Ils ne sont, les premiers, que les thuriféraires de l'ignorance et de la misère; les seconds que les pro-

vocateurs de guerres civiles, et les destructeurs de
la République.

III

Bientôt nos petits écoliers auront les notions clai-
res du suffrage universel ; on le leur comparera à la
flamme qui, pour vivre, a besoin d'une autre flamme:
le suffrage de tous, s'entretient aussi par ses mani-
festations successives.

CINQUIÈME PARTIE

Heureux effets de la Garde nationale.

I

A chaque chute des gouvernements qui se succè-
dent en France avec une rapidité vertigineuse, à
chaque explosion de la liberté comprimée, apparait
l'institution de la garde nationale, à l'organisation de
laquelle on recourt aussitôt.

Cette armée citoyenne donne, comme par enchante-
ment, la sécurité aux intérêts trop disposés à la
peur.

L'avènement de cette force populaire, la confiance
qu'elle inspire, les émeutes qu'elle prévient, sont le
meilleur panégyrique qu'on en puisse faire. Ses dé-
tracteurs n'osent ostensiblement la battre en brèche.
Ils sont forcés pour leurs projets coupables, de re-
courir aux menées. Plus d'un de ses ennemis achar-
nés, avoue que l'ordre est mieux garanti dans ces

moments en désarroi, qu'il ne l'était sous un gouvernement qui se disait fort.

A cette force citoyenne, justice est toujours
rendue effectivement ou tacitement. On la respec-
tera dans ses fonctions, ce qu'on n'eût fait pour la
force publique entretenue par les royautés.

On prêtera son concours à la garde nationale si
besoin est. Par contre, sous les régimes déchus n'a-
t-on pas vu souvent les agents se voir arracher des
mains les délinquants qu'ils étaient chargés d'arrê-
ter. Ceci démontre moins le caractère léger du peuple
français, que sa haine de tout ce qui est despotisme.

La garde nationale, ce cauchemar des royautés,
elle qui est la gardienne de l'ordre, mais en même
temps la gardienne de la liberté, a toujours été
malmenée par l'autorité n'émanant que de quelques
uns. Pour un régime monarchique qui n'ose se passer de la garde nationale, il la lui faut épurée, triée,
amoindrie, choisie et prise dans ceux appelés du
nom menteur et prétentieux de conservateurs.

Une garde nationale bien pensante fut établie sous
la monarchie de juillet. Elle représentait cette milice, la fortune, l'intelligence et la considération.
Elle était la fidèle expression du pays.

Voilà ce que disaient les doctrinaires qui l'avaient
ainsi formée.

Dans cet état, loin de porter le moindre ombrage,
elle était un soutien de cette monarchie, qui a été
comparée par son caractère essentiellement transi-
toire, à un pont qui poserait chacune de ses extrémi-
tés sur deux escarpements ; dont l'un est le gouvernement de droit divin, l'autre la République démocratique.

Cette Garde nationale ainsi modelée, n'était plus l'expression des désirs de tous. Elle devenait une cause de méfiance pour la démocratie, qui ne voyait en elle qu'un soutien des abus, un corps de privilégiés. De là ressortait un esprit frondeur, s'ingéniant à désigner cette garde sous les noms les plus ridicules, les plus ironiques.

L'estime qu'on professait pour ce pastiche de Garde nationale, était à la hauteur des services qu'elle rendait. C'était un hochet offert aux classes aisées. Son caractère était le goût des parades, le plaisir de jouer au soldat.

Elle était bafouée par ceux qu'elle délaissait, comme s'en égayaient ceux qui l'ayant façonnée savaient n'en avoir rien à craindre. Il se trompait ce pouvoir. Il vint un moment où cette garde bourgeoise fit cause commune avec la partie délaissée de la nation. Il y eut un instant où la rougeur au front elle sentit qu'elle n'avait pas le beau rôle ; qu'elle n'était qu'un étalage menteur et ridicule d'une force publique.

II

A de certains instants, la bourgeoisie, notre aînée en émancipation, eut des élans vers la liberté qui lui feront passer ses penchants égoïstes, ses vues souvent étroites et son manque d'idéal.

Les Républicains sensés tenaient compte des efforts que cette portion du peuple avait faits. Ils savaient que la nation lui était redevable des prodiges accomplis dans toutes les industries ; que c'est elle qui donnait l'exemple de l'activité intelligente et de l'esprit de prévoyance.

Bientôt, la bourgeoisie convaincue que ses plus chers intérêts seront mieux garantis par la stabilité qu'offre le gouvernement Républicain, que par celle d'une monarchie constitutionnelle, comprendra que la République confisquée, escamotée par tel ou tel prétendant, reviendra au galop. Elle verra que tont le temps consacré à consolider une restauratlon ne sera que langueur et malaise. Alors cette portion fortunée se ralliera franchement à la République, travaillera à son établissement, et sera le plus intelligent appui du gouvernement de tous, par tous.

La bourgeoisie sent déjà les fraternels effets de la milice citoyenne qui reçoit dans ses rangs tous les enfants d'une même patrie, n'excluant que les indignes. Cette démarcation malsaine de riche à pauvre, d'instruit à ignorant est effacée en principe par la garde nationale. Elle aura, cette portion élevée du peuple, une tendance de plus en plus marquée pour tendre une main généreuse à ses frères affligés.

III

Si la garde nationale était organisée régulièrement dans toute la France, si elle était ce qu'elle doit être, elle aurait par sa puissance de fusion des différentes couches de la société, par sa force morale, le pouvoir d'atténuer considérablement les grèves, cette lèpre sociale, qui fut éxcitée par l'astucieuse machination inventée par le deux Décembre dans un triple but.

Premièrement. Se montrer démocratique, socialiste aux ouvriers.

Deuxièmement. Etablir une scission profonde entre ceux qui possèdent et ceux qui n'ont rien.

Troisièmement Se montrer protecteur de l'ordre aux industriels, aux capitalistes. Etablir par l'emploi de la force, une autre scission entre l'armée et le peuple. Diviser pour régner :

Voilà le pouvoir que soutenait une foule de braves campagnards, sans compter les autres.

IV

Si les pouvoirs constitutionnels ne peuvent exister qu'avec une garde nationale tronquée, évidemment que pour le pouvoir qui vient de tomber c'était une superfétation ; il n'a pas osé la supprimer, mais lui si fort aurait pu s'en passer ! N'a-t-il pas dit de l'ordre ; j'en réponds : Quant à la liberté c'était si peù son affaire, qu'en l'embrassant il l'a tuée de son souffle empesté.

La garde nationale est une pierre de touche qui détermine exactement par son organisation plus ou moins large, les proportions de liberté et de despotisme contenus dans tel ou tel gouvernement.

La garde nationale est une mère féconde qui, entourée des soins qu'elle mérite, ne peut produire d'avortons.

La garde nationale répond de l'ordre, mais ne créera pas le désordre pour se donner la satisfaction de l'écraser dans le sang et de faire vanter sa force.

Ce jeu infâme, souvent pratiqué par les royautés, fut porté au comble du cynisme par Napoléon III et ses dignes acolytes.

La garde nationale est une des maitresses branches de l'arbre républicain, ce seul gouvernement qui puisse se dire fort.

V

Plus un gouvernemeut est fort, plus il peut supporter le contrôle.

Le contrôle ne peut exister sous les régimes constitutionnels que pratiqué dans l'ombre et confié à quelques-uns, ce n'est qu'une affaire de forme et de convention.

Les pouvoirs forts ne peuvent supporter cet argus, et ne durent quelque temps qu'à la condition que toute ingérence, tout contrôle soit chose morte pour tout le monde.

Comprenons donc que pour se raidir contre toute tentative de restauration, il faut une garde nationale composée de toute la nation, qui nous fasse capables de maintenir envers et contre tous la République. Faisant cela, nous fermerons le temps des discordes, des révolutions; ouvrant, du même mouvement l'ère de la concorde.

Une vie plus active, plus mouvementée, remplacera cet état morne et somnolent ; et qu'on ne s'effraie pas de eette activité de la vie publique. Nous avons une petite nation limithrophe qui nous donne l'exemple. Elle est très-agitée dans certains moments, ce qui ne l'empêche pas, bien au contraire, de se livrer avec ardeur aux travaux des champs, à ceux de l'industrie ; c'est l'intelligence mise en circulation.

Fondons solidement la garde citoyenne, et nous aurons une République juste, mais ferme ; clémente, parce qu'elle sera forte. C'est une vérité qui devrait sauter aux yeux de tout le monde, éclairer tous les citoyens par sa lumineuse évidence.

SIXIÈME PARTIE

Crève cœur de la Garde nationale. — Ses effets de ralliement.
Le Specte rouge.

I

La Garde nationale de Lyon a le crève-cœur de
ne pouvoir arborer le drapeau national. Ceci est encore l'œuvre de cervelles détraquées, peut-être était-
ce l'idée de forcenés qui ne rêvent que dissension,
perturbation, gachis et ne vivant que d'émeutes. On
comprend dans un mouvement de révolution, d'ef-
fervescence, que le drapeau rouge soit un des signes
de la revendication du peuple, et comme un geste
de sa colère. Mais était-ce bien, lorsque nos armées
luttaient avec tous les désavantages réunis, souffraient
les privations les plus cruelles et malgré tout com-
battaient héroïquement, sans aucune chance de succès ; était-ce bien pour ceux qui parlent de république une et indivisible, de garder un signe qui était
non-seulement un anomalie, mais encore un sujet
d'effroi pour les paisibles habitants. Ah ! les maladroits, ils seraient dignes de pitié, s'ils ne causaient
autant de mal à la sainte cause de la République.
Sans le bon esprit de la Garde nationale, des collisions
grâves en seraient résultées. On a été témoin de
scènes plus que scandaleuses, provoquées à ce sujet
par les enragés des côtés extrêmes.

Mais ces amants épileptiques de la liberté, comment

la comprennent-ils donc ? ils ont prouvé qu'ils sont plus despotes qu'empereurs et rois.

II

Entre temps la pauvre Garde nationale, qui n'en pouvait mais, était veuve de son drapeau, elle a bien fait d'en prendre son parti, elle a le droit d'être fière de sa conduite ferme et prudente.

Un pouvoir régulier est sorti du suffrage universel, s'il n'est pas ce que les républicains l'eussent désiré, il faut respecter notre œuvre, car nous nous respecterons nous mêmes. Donc la Garde nationale ne peut tarder de recevoir ses étendards. L'emblème du coq a ce séduisant côté de rehausser le travail des champs ; il est l'emblême de la vigilance. Les aigles rapaces n'ont jamais symbolisé le peuple français.

Nous avons vu la Garde nationale à l'œuvre. Elle a souffert dans ses sentiments patriotiques et souvent elle fut douloureusement impressionnée ; mais toujours dévouée, toujours manifestant ses convictions républicaines, sans la moindre hésitation pour écraser par ses protestations, les fauteurs de désordres. Si maintenant le morne découragement s'est emparé d'elle, c'est que de cruels événements s'accomplissent et pèsent de tout leur poids douloureux.

La Garde nationale s'offre pour l'extinction prochaine des armées permanentes, qui sont ruineuses pour le pays et funestes pour les mœurs et la liberté.

L'armement de toute la nation jusque dans le moindre hameau, ainsi qu'en Algérie et dans les colonies est de droit.

Les armées permanentes, qui sont un anachronisme, une monstruosité pour une République démocratique, n'existeront qu'à l'état d'échantillon, c'est-à-dire pour protéger nos colonies et ne devront jamais être en corps dans la métropole.

L'Etat, disons l'administration, car, qu'est-ce qu'un Etat républicain ? C'est tout bonnement une administration nommée pour un temps déterminé, et révoquée si les administrateurs sont incapables ou prévaricateurs.

Si le pouvoir exécutif provisoire est vraiment animé d'un sincère désir d'aider à la fondation solide de la République française, il devra, au plus tôt, présenter aux constituants qui ne sauraient tarder d'être nommés, un projet de loi sur la question brûlante à l'ordre du jour : la réorganisation de l'armée; lequel projet, pourrait avoir quelque rapport avec celui que nous soumettons ici.

Mais nous devons dire, qu'à part l'idée principale et de fond que nous émettons, nous n'avons pas la moindre compétence, soit pour le temps nécessaire à l'instruction militaire, soit pour résoudre les difficultés qu'une semblable organisation comporte. Nous tenions essentiellement à ce bout de déclaration.

Préambule du projet de loi.

Le maintien des armées permanantes étant non-seulement un anachronisme, mais encore un non-sens plein de dangers, très-périlleux pour notre République, le pouvoir exécutif s'empresse de présenter aux représentants de la nation le projet de loi suivant, qui a pour but la réorganisation complète de l'armée :

Article premier. — La Conscription, œuvre d'une volonté presque impériale, est abolie.

Art. 2. — Tous les citoyens, nés français ou fils d'étrangers naturalisés français et reconnus valides, sont appelés à servir la France, en formant l'armée dite de la défense nationale, qui aura deux missions à remplir ; l'une, de veiller au salut du pays ; l'autre, accidentelle, c'est la restauration de l'intégralité territoriale.

Art. 3. — A cet effet, tous les hommes, depuis l'âge de 21 ans révolus, jusqu'à l'Age de 50 ans accomplis, mariés ou non sont gardes nationaux, tout en restant citoyens.

Art. 4. — Il est créé, pour former cette armée de la défense, quatre bans.

Le premier ban comprendra tous les jeunes gens de 21 ans révolus jusqu'à l'âge de 24 ans accomplis.

Le second ban comprendra tous les jeunes gens de 24 ans révolus jusqu'à l'âge de 28 ans accomplis.

Le troisième ban comprendra tous les hommes de 28 ans révolus jusqu'à l'âge de 32 ans accomplis.

Ces trois premiers bans formeront la partie active de la garde nationale.

Le quatrième ban comprendra tous les hommes de 32 ans révolus, jusqu'à l'âge de 50 ans, ce dernier ban est la partie de l'armée nommée garde nationale sédentaire ; les volontaires, jusqu'à l'âge de 55 ans, seront admis s'ils sont valides.

Ce quatrième ban ne pourra, sous aucun prétexte, être arraché de ses foyers, à moins d'un péril immense ; et, dans ce cas, les représentants de la nation feraient une loi spéciale et toute de circonstance.

Ce quatrième ban, comme les trois premiers, relèvera du ministère de la guerre.

Art. 5. — Le premier ban fait six mois continus d'exercices la première année, quatre mois d'exercices la seconde deux mois la troisième et dernière année de son temps de service.

Le contingent de ce ban ne fait pas son temps de service aux mêmes époques ; chaque moitié du contingent fait son temps, l'un les six premiers, l'autre les six derniers mois de l'année. Il en est de même pour le temps de service des deux autres années.

Art. 6. — Le second ban fait un jour d'exercice par semaine (le dimanche s'il est possible), au chef-lieu de son canton ; et, tous les premiers dimanches du mois, un exercice et revue générale au chef-lieu du département.

Art. 7. — Le troisième ban fait, le premier dimanche de chaque mois, un jour d'exercice et revue au chef-lieu du département. Cette journée est divisée en deux parties séparées par une interruption de 4 heures ; la première partie est consacrée à l'exercice, la seconde est une revue générale, ou figurera la partie du premier ban en activité.

Art. 8. — Il est créé une armée permanente, composée exclusivement de volontaires et ne dépassant pas, pour les soldats, l'âge de 28 ans ; et, pour les officiers, l'âge de 32 ans.

Son temps de service est, pour les soldats, de quatre années, et pour les officiers de tous grades, de six années. Son effectif ne pourra excéder 50 ou 60 mille hommes. Sa mission aura un double caractère : le premier, de veiller à la sûreté de nos colonies, et surtout celle d'Afrique ; le second, sera d'être comme une pépinière, d'où l'on tirera des chefs de tous grades, depuis les sous-officiers jusqu'aux officiers généraux, pour l'armée de la garde nationale active, formée des trois premiers bans.

Art. 9. — Cette armée recevra intégralement une instruction supérieure, poussée aux limites du possible. Toutes les sciences se rattachant, par quelque point, à l'art militaire, seront enseignées. Des catégories de groupes de sciences seront formées et recevront les différentes aptitudes ; et l'armée de la défense nationale puisera dans l'armée permanente, des chefs d'une instruction, d'une valeur éprouvées et d'un patriotisme ardent.

Ce seront les éléments précieux de cadres toujours prêts pour la garde nationale active.

Art 10. — Tout soldat capable de l'armée permanente passe sous-officier ; et chaque officier de mérite prend, en entrant dans la garde nationale, le grade supérieur.

Art. 11. — Il est créé une académie, dite de la défense nationale, composée d'hommes spéciaux et supérieurs, pris dans toutes les conditions industrielles, scientifiques ou militaires, qui réunira dans son sein, tout ce que les sciences peuvent fournir de lumières aux besoins de la défense nationale.

Les membres en sont nommés, en premier lieu, par les représentants de la nation et seront, à l'avenir, confiés à l'élection des officiers de tous grades de l'une et l'autre armée, garde nationale active et armée permanente.

L'académie ouvre des concours fréquents, chaque soldat

d'une des deux armées peut y concourir ou soumettre un projet, en passant toutefois par la vérification d'un comité, nommé à cet effet, dans chaque régiment des deux armées.

Art. 12. — Une loi organique déterminera dans quelles proportions chaque régiment, de l'une ou de l'autre armée, devra faire l'exercice du canon ou des pompes à incendie, etc.

· Cette loi déterminera également dans quelles proportions doivent être développés les corps d'artillerie, de génie, cavalerie pontonniers et armes complémentaires.

Nous formons donc un vœu, et pour lui donner quelque consistance, nous le revêtons d'une forme de projet de loi.

Il nous semble que les trois premiers bans pourraient fournir un effectif de 1400 mille hommes.

Il y aurait d'immenses avantages à recueillir de cette organisation, tant pour les mœurs publiques, pour l'unité de l'armée et sa solidité morale, que pour l'éducation politique, et les économies qui en résulteraient, que pour la nation qui ne verrait plus enlever à la culture, à l'industrie, l'élite de ses enfants. On pourrait, pour ceux des hommes réformés, ayant quelque instruction, en former les employés des différentes administrations et intendances militaires.

La force morale de l'armée résultant de son unité, il faut, pour la compléter, que forcément l'uniforme soit un, pour toute l'armée de la défense nationale, en désignant seulement par certains signes les divers bans qui la composent.

Tout ce qu'on pourra imaginer de simple et solide, sera ce qu'on devra faire. Plus de ces uniformes voyants, qui sont autant de points de mire, plus d'armes étincelantes qui produisent le même effet, on devra bronzer jusqu'aux canons; en un mot, tout clinquant inutile ou dangereux devra être écarté. La patte d'épaule pourrait avoir un léger bourrelet pour retenir le fusil. (1)

Nous faisons le vœu que tous les jeunes gens de 15 à 21 ans soient déclarés pupilles de la Garde nationale sédentaire. La loi concernant la réorganisation de l'armée devra porter cette création, et celle organique, devra définir dans quelles conditions ces jeunes gens feront les exercices. Probablement que d'anciens officiers et sous-officiers de la sédentaire seraient invités à donner les notions nécessaires. Ils prépareront ainsi la jeunesse au maniement des armes, ainsi qu'aux différents mouvements d'ensemble, et rendront très-facile l'instruction qu'ils recevront dans le premier ban. Chaque dimanche, par groupes, suivant l'importance de la localité, il sera fait une ou deux heures d'exercice. A cet âge, étant très-souple, on se forme prestement.

Cette réforme de l'armée, est la démonstration la plus éloquente du gouvernement républicain. C'est en même temps la condamnation en règle de toute monarchie.

Ces gouvernements ombrageux, chancelants, sont obligés de trouver un appui dans les armées permanentes, qui, bien qu'elles soient le peuple lui-même,

---

(1) *Quand il faut, dans certains cas, faire des marches forcées, les hommes arrivent exténués sur les lieux qui réclament leur présence. Ne pourrait-on avoir, par chaque compagnie, un ou deux fourgons légers, attelés de mulets, où seraient empilés et numérotés les havre-sacs, que chaque homme retrouverait l'étape faite.*

deviennent une menace constante pour la nation, tout en causant sa ruine.

Une monarchie, sous peine de suicide, ne pouvant se passer de ces armées, une République vraie, étant son antithèse, ne peut les garder, ou du moins que réduites à une faible proportion.

III

La Garde nationale est donc la cheville ouvrière d'un changement complet de mœurs, qui se produira par suite de la transformation de l'armée. Elle fera du reste service commun avec le 1er ban en service, ce qui lui vaudra un grand soulagement.

Elle y gagnera en discipline, sentira le sérieux de son rôle; en fraternisant, éclairera les enfants des champs.

IV

Les monarchies sont forcées d'entreprendre des guerres ruineuses, s'y voyant forcées par deux causes : l'une, c'est l'avancement désiré par les chefs ; l'autre, c'est que les souverains veulent payer en gloire ce qu'ils ne peuvent acquitter en liberté. Vilain jeu, s'ils ne sont vainqueurs. Eh ! mon Dieu, c'est un des périls que courent les monarques. S'ils ne mettaient qu'eux dans l'embarras !

La République n'est pas conquérante, les batailles, les ruines sont affaires de rois, de despotes, un peuple libre ne songe à la guerre que pour faire respecter ses institutions et son pays.

Tous les conducteurs de troupeaux humains tremblent au mot de république, qui jamais n'imposera le respect par la force brutale. Si ses armées citoyennes sont une puissance formidable pour sa défense, elles sont bien plus encore un instrument de paix.

La République fait des vœux pour le bonheur des nations et désire, qu'elles aussi, puissent se régir par les principes républicains et fonder la confédération des peuples.

V.

Pendant les dernières convulsions du burlesque empire, on pressentait l'avènement de la République. Bien des gens sans aucun principe politique, la regardaient comme un pis aller. Ils disaient en parlant de la Garde nationale : nécessité obligée; que l'on ferait bien de choisir des hommes ayant quelque bien à défendre, des hommes, représentant l'ordre; ainsi nommés, parce qu'ils soutiennent aveuglément des régimes qui amènent toujours les révolutions, le désordre. Ils disaient ces gens dans leur profonde sagesse : « Mais cela se comprend sans grande démonstration, peut-on confier des armes à tout le monde, que diable! un peu de bon sens s'il vous plaît? » Et ce qui les mettait au comble de la rage, ces modérés, c'était un simple sourire d'incrédulité se dessinant sur les traits d'un interlocuteur, infiniment moins peureux et surtout plus sage. « Comment, vous avez l'air de soutenir qu'on doit remettre un fusil à chaque ouvrier? Eh oui, lui répondait tranquillement l'autre. » Vous voulez armer ceux qui n'ont rien à défendre? Eh oui, poursuivait impertubablement le tranquille personnage. « Ah ça, vous plaisantez, parlez-vous sérieusement? » plus sérieusement et surtout plus charitablement que vous. Les yeux du modéré s'injectaient alors (c'est drôle un modéré), il trépignait et reprenant souffle, il disait :

« Mais anarchiste, je vous croyais sensé, honnête !
Ah mon Dieu ! me suis-je trompé sur votre compte.
A quoi vous occupez-vous donc ? J'aime à le croire
dans votre intérêt Môssieur, vous ignorez sans doute,
que les ouvriers qui sont la plupart, socialistes, n'attendent que des fusils (ils ont déjà les munitions),
pour se ruer sur ceux qui possèdent, et se venger des
torts imaginaires dont ils se prétendent victimes. »
Halte là, et veuillez m'écouter. Tout ce que vous dé-
bitez-là, vous est soufflé par la peur, par cette sata-
née peur que le spectre rouge vous a logée entre chair
et cuir. C'est une triste maladie que vous avez-là,
on en guérit rarement ; c'est même incurable. Vous
contemplez toujours ce fantôme de l'anarchie, que
les roués ont planté sur l'arbre de liberté, afin d'em-
pêcher les peureux d'en goûter le fruit ; et je vous le
dis, non, la présence des ouvriers dans les rangs de
la Garde nationale n'offrira aucun danger. Ceux qui
n'ont que leur journée pour faire subsister eux, leur
femmes et leurs enfants, loin d'être un péril, seront
une cause de sécurité. Mais, allez donc blanchir un
nègre, s'écria le républicain. Bah ! se dit-il, essayons
l'impossible. Tâchons de lui ouvrir l'intelligence.
Voyons, reprenait-il, il me semble que malgré tout,
il vous en reste encore un peu ? Que voulez-vous
dire répartit le modéré ? — Vous allez le comprendre
peut-être ; ne voyez-vous qu'en faisant garde national
un homme qui n'est rien, parce que suivant vous il
ne possède rien ; ne saisissez-vous pas que vous l'éle-
vez à la dignité de citoyen, qu'il contribuera au
maintien de l'ordre en assurant la liberté, en proté-
geant le gouvernement de tous. Reconnaissez, ô con-
servateur ! qui n'avez jamais rien su conserver, pas

même le sangfroid, qu'un ouvrier qui ne discerne pas souvent le vrai du faux, est facile aux sujétions des agitateurs; que cet homme passant une heure à l'exercice, sera placé il se peut, coude à coude avec une personne fortunée, qui, de près lui paraîtra infiniment meilleure qu'il ne l'avait jugé jusque-là. Un camarade est près d'un homme bienveillant qui profite de l'occasion offerte, pour lui inculquer et sans prétention, de justes idées sur les hommes et sur les choses. Cette circonstance peut se reproduire plusieurs fois dans le même temps, entre d'autres gardes nationaux.

Ne voyez-vous pas que ces hommes pauvres, aigris par une vie de misères; ces malheureux de qui vous redoutez la haine, sont peut-être arrachés par cet heureux contact aux griffes du mal. « Ta, ta, ta, reprenait notre immuable borne, que nous fichez-vous là? » Mais mon ami, je ne vous parle pas du Coran. J'ai voulu entreprendre l'impossible, je parle dans le désert !...

Et la borne s'ébranla, fit un demi-tour et partit. Hé! l'homme à la peur, avez-vous pu trouver une cave assez profonde le 4 septembre! Le peureux eût l'air de secouer la tête, comme s'il eût reçu un platras; il se fit plus petit et disparut.

Voilà comme sont taillés les modérés, ils s'intitulent ainsi, parce qu'ils sont peureux comme lièvres; ils se nomment hommes d'ordre, parce qu'ils ne croient à rien et pour cause.

VI.

Quand on sera bien pénétré de ceci, qu'il incombe à chacun une responsabilité sérieuse, on verra que les devoirs du garde national sont véritablement ceux de tout homme de bien.

Il est des gardes nationaux qui, lorsqu'ils sont de service, sentent qu'en ce moment la société fonde sur eux sa tranquillité. Cette sentinelle vigilante comprend toute sa responsabilité; cet homme qui, peut-être ne possède rien, veille pourtant à la défense de la propriété ! ! !

D'autres envoient à tous les diables la garde nationale et son service, disant qu'elle prend leur temps, Quand ces paroles sont dites par un ouvrier rangé, qui est désolé de la brèche faite à sa journée, l'homme a raison, c'est l'abus du service qui a tort. Mais ceux qui poussent les mêmes plaintes, et qui, pour rattrapper le temps perdu entrent au cabaret, ceux-là crient plus fort que les laborieux, mais ils font mieux, ils trouvent encore le moyen de perdre leur argent...

Quand donc deviendrons-nous hommes, travailleurs et sérieux, nous en avons grandement besoin. Il faut que nous le soyons, si nous voulons une garde nationale digne de ce nom; si nous arrivons là, nous aurons la République, qui est notre ancre de salut. Nous entrerons dans la bonne voie, tout arrivera par surcroit; les améliorations appelleront d'autres améliorations. Les aspirations folles n'auront plus raison d'être, et nous pourrons concevoir les espérances les plus heureuses pour notre France !

SEPTIÈME PARTIE

Caractère du peuple français. — Son ardeur et ses défaillances.

I

Le peuple français dans sa mobilité de caractère, dans sa légèreté, s'est mainte fois laissé aller à des actes de faiblesses impardonnables ; mais en définitive il revient vite de ses erreurs. C'est une nature des plus généreuses ; aucun peuple de la terre sous ce rapport, ne peut lui être comparé.

Ce peuple se laissera garroter par surprise ; en le trompant on usurpera ses droits ; mais il les reprendra à la première occasion et pulvérisera tous les échafaudages du despotisme.

Ce peuple tant détesté, ce cauchemar des rois, des vieux systèmes d'écrasement. C'est nous !

Ce peuple le plus apte, le mieux doué pour recevoir la Répuplique démocratique. C'est nous !

Ce peuple dont les frémissements de liberté ont ébranlé tous les trônes, ont jeté un rayon d'espoir chez tous les peuples. C'est nous !

Ce peuple vers lequel tous les peuples tournent le regard, attendant quelque solution heureuse, quelque exemple à suivre. C'est nous !

Ce peuple enfin si abaissé aujourd'hui, victime de son imprévoyance et du plus scélérat de tous les hommes. C'est malheureusement nous !

Ce peuple se relèvera. Ce n'est pas une décadence,

ce n'est qu'une attaque passagère de catalepsie. Il
ne peut mourir ce peuple, car s'il mourait ce serait
la honte du siècle et la rétrogradation de l'Europe
vers les temps barbares.

Ce serait le plus épouvantable désastre. Les con-
quêtes et les trophées de l'Islamisme ne seraient
qu'un faible nuage, à coté des masses de vapeurs
amoncelées et jetant dans les ténèbres toutes les
nations !

L'égoïsme, la jalousie des gouvernements étrangers les couvrent d'un voile qui leur cache le
péril.

Est-ce que cette ambition d'ogre a deux têtes, ce
pillage scientifiquement organisé, ne les touche en
rien ?

Profitons de la leçon, organisons nous tout en ci-
catrisant nos plaies. Faisons l'armée citoyenne, formons des chefs dévoués et capables ; et le moment
venu, la revanche sera terrible. Il nous la faut. Nous
l'aurons...

Mais pas de folles impatiences qui pourraient tou
compromettre. Soyons actifs, travailleurs, mais
prudents.

II

Quel singulier spectacle donne cette foule si im-
patiente d'avoir une arme. Jeunes, vieux, riches
ou pauvres, tous s'élancent avec ardeur. Les uns
poussés par la peur, les autres ayant senti vibrer en
eux la fibre nationale. Les témoins de l'assaut donné
aux dépôts d'armes, en savent quelque chose.

Ce peuple qui se rue, se précipite à la conquête
d'un fusil, les uns forçant les portes, les autres esca-

ladant les fenêtres ; cette masse se répandant et grouillant sur les caisses à fusils et brisant tous les obstacles qui retardent la prise de l'objet de sa brûlante convoitise. Le risque de se faire écraser n'était pas ce qui inquiétait le plus. La témérité était poussée jusqu'à la démence.

La dignité de l'homme en souffrait. Les quelques gens restés calmes s'étonnaient que les gardes du fort ne missent, ainsi que les chefs déjà élus, aucun ordre dans cet armement. Les commandants des forts étaient ahuris comme tout ce qui était des administrations. Quant aux chefs de la garde nationale, ils partageaient la fièvre générale ou bien étaient impuissants à modérer ce pillage.

La cause principale en est dans le manque de toute éducation politique, qui ne peut s'acquérir qu'en l'exerçant, ce qui a manqué jusqu'ici.

III

Les réunions publiques, ces assemblées qui devraient être l'école politique ; comment les pratique-t-on, que sont-elles ? Le ton convenable et l'urbanité y sont des raretés. La plupart sont des lieux où le roi Pétaud eut été fort à l'aise. Les gens paisibles s'en abstiennent comme du morbus. Mais les habitués, sont-t-ils heureux, aiment-ils ce brouhaha, ce cliquetis d'idées saugrenues ? Ils ne sont jamais plus contents que lorsque la réunion a été fort agitée, qu'on y a lancé force injures, qu'on a bâti avec des clameurs insensées force châteaux de cartes. Aussi arrive-t-i des élections, un grand devoir qui ne peut se remplir qu'avec maturité de discussion, sagesse de décision ; les plus extravagantes personnalités sont mises.

en avant. Ces furibonds se torturent l'esprit à déterrer des candidatures impossibles. On habille cela du nom ronflant de candidats radicaux; et la sottise est faite !

Les partis du jadis s'en frottent les mains, une magnifique occasion leur est encore offerte, ils peuvent baver leur venin sur la République, les Républiques et le Républicanisme.

C'est l'instant de lâcher la meute réactionnaire. Tayau... Tayau... Tayau, sus à la bête malfaisante, traquez ce monstre qui d'une seule gueulée veut avaler les saines traditions... Quelle horreur !

S'en donnent-ils à cœur joie, salissant avec ravissement les hommes et les choses. Quand la mise en scène est bien préparée, quand tous les acteurs savent leur rôle, on détache les plus fins limiers de ceux qui cultivent le campagnard, et de ceux qui ont des relations avec la ville. Les premiers prennent le geste rond, un air de bonhomie ; tapent sur l'épaule du paysan et lui parlent des socialistes, des pillards, et montrent un bout de guillotine. Les seconds, ceux qui pratiquent le citadin ont l'air digne, convaincu et parlent d'un air pénétré du besoin urgent de choisir des hommes *honnêtes*, considérés par leur position. Les journaux bien pensant sont chargés de la partie instrumentale, ils ont le sifflet pour les candidats démocrates et la trompette pour les leurs. La stupide division des Républicains aidant, la liste dite modérée passe comme une lettre à la poste. Le tour est joué, la farce n'est malheureusement pas finie.

Qui se trouve gros Jean ? vous croyez peut être que ce sont les auteurs du résultat ; ah bien oui. Ils crieront au manque de patriotisme, à la réaction, et n'avoueront jamais qu'eux seuls, ont fourni par leur imprévoyance des armes à l'ennemi.

Quand donc les Républicains sauront-ils s'entendre ? Qu'ils sont pâles en tactique auprès des retors de la monarchie. Les vieux habits, les vieux galons tiennent encore la corde. La tiendront-ils longtemps ? Nous verrons !

Il doit y avoir quelque chose de bien laid dans les agissements de certains Républicains ultras ; il se cache quelques sales manœuvres ; on s'en méfie depuis longtemps. Pourquoi ceux qui connaissent les fourbes ne les dévoilent-ils pas. Ces adroits coquins qui se servent du masque républicain pour le profit des partis qui les paient , ah ! quelle race infâme. Les badauds qui croient ces saltimbanques politiques, ouvriront-ils bientôt les yeux ?

A l'ouvrage , unissons nos cœurs , formons un formidable faisceau de tous les républicains sincères en mettant la lumière sur le boisseau, nous arriverons à dessiller les yeux des ignorants.

IV

Nous parlions de l'ardeur à s'armer, comme d'un signe de l'importance qu'on attachait à l'établissement rapide de la garde nationale. Que le zèle des premiers jours s'est donc refroidi ! Nous le regrettous amèrement , et c'est ce que nous voulons combattre.

Les hommes sont véritablement de grands enfants qui crient, tempètent, cassent et brisent pour obtenir un objet qu'il mettent en oubli dès qu'ils le possèdent. Nous aimons peu les choses qui demandent l'assiduité ; la garde nationale, par ce temps de service trop réitéré, éprouve la lassitude qui amène le dégoût. Nous devons ajouter aux causes que nous avons signalées, l'affreuse situation où se trouve notre pays. Il ne suffisait pas du sort funeste de nos armées, des conditions qui nous sont imposées, il fallait encore les horreurs présentes.

Ces cruelles alternatives qui nous précipitent du haut des vagues de l'espoir dans les abîmes de la déception, font de nous le peuple le plus misérable.

Mais, malheureux, c'est justement parce que nous courons à la dérive vers le gouffre, qu'il faut éviter le vertige et faire face au danger. Un secours nous est tendu de la rive, rien n'est perdu ; la République s'offre pour notre salut ; si les phalanges citoyennes savent s'entendre, non, rien n'est perdu !

La République nous arrachera des serres cruelles du sort qui nous étreint ; elle nous ouvrira le cœur à l'espérance ; en hommes courageux, repoussons le désespoir, c'est l'arme des lâches.

Pour nous sauver, nous devons être forts, nous le serons !

Rassérénons les âmes faibles et montrons à tous les timides ce que peuvent les cœurs valeureux.

Montrons-leur la vérité ; pourquoi toujours évoquer l'époque de la Terreur ! Ce ne fut qu'un accès frénétique de quelques âmes en délire. Les Républicains répudient de toute la force de leurs âmes indignées ces fureurs sanglantes. Ils savent et veulent que jamais une ombre de violence ne soit faite ; ils ne souffriront jamais la moindre apparence de spoliation, ce dont ne peuvent se flatter toutes les monarchies.

Mais, doit-on dire aux timorés : ce que vous voulez? Est-ce la justice pour tous? Est-ce l'admission des plus capables aux emplois? Est-ce l'économie rigide dans les dépenses? Est-ce l'instruction donnée gratuitement à vos enfants? Est-ce, en un mot, l'essor de toutes les libertés qui ne froissent pas le prochain? A ces questions posées, ils répondront par autant de fois oui : Mais, leur dirons-nous alors, vous êtes Républicains !

Qu'il y a de Républicains sans le savoir ! ils pâtissent, et ne font rien pour changer les causes de leur mal être ; ils dorment encore !

V

Un homme riche et bienveillant faisait de la campagne son séjour habituel ; il avait remarqué avec tristesse combien les moutons avaient une analogie saisissante avec beaucoup d'habitants des champs et même de la ville. Cette similitude s'étendait depuis l'extrême jeunesse jusqu'à la vieillesse pour l'homme comme pour ces bestiaux. Un jour, se promenant, il passa près d'un chaume où paissaient des moutons. L'idée lui vint de communiquer son analogie au vieux berger du troupeau. C'était un vieil ami.

— Bonjour, Jacques ! — Bonjour, notre monsieur! — Veux-tu causer? — Pardine, monsieur ! — Depuis le temps que tu gardes des moutons, as-tu remarqué ceci : tu sais combien tes agneaux sont gentils, gracieux et gais. — Pour ça, oui ! — Tu sais qu'à mesure qu'ils grandissent leur joli minois, leur gentillesse se perdent; ils prennent un air triste, découragé et stupide. — Quant à ça, c'est encore vrai. — Et quand tes moutons deviennent vieux béliers, quand les brebis n'ont plus de lait, as-tu remarqué un petit changement en eux ? — Un brin, monsieur, y sont moins confiants. — Je vois que nous allons nous entendre, dit le conteur. Eh bien, mon pauvre Jacques, regarde maintenant si la remarque chez les moutons ne s'applique pas à beaucoup de paysans de notre endroit, sans compter les autres. Les enfants du village sont gentils et gracieux quand ils sont bien soignés. — C'est la vraie vérité. — Ces gentils petits, quand ils atteignent l'âge de sept ans, ne prennent-ils pas l'air tout chose ? — Je ne dis pas non, d'abord. — Plus ils avancent et plus cet air prend l'aspect gauche. A l'âge de l'homme, la gaucherie, la raideur sont encore plus fortes et la figure est sans expression. — Par ma fine, monsieur, y zont l'air assez... drôle par-là. — Mais quand ils prennent de l'âge, les hommes comme les femmes, changent un peu l'air en question, contre un air vénérable et instruit par l'expérience. — Vrai, y a de ça. — Tu as compris ? — Y me semble que je saisissons la feintise. — Tu es un vieux malin ; je me doutais bien d'être entendu. — Ça me chatouillons ce que vous me dites là, monsieur.—Adieu, mon ami ! — Adieu, notre monsieur ! — Et l'observateur continua sa promenade, se demandant si son observation aurait longtemps sa raison d'être. Il soupira....

Jacques songeait. De temps en temps il hochait la tête en donnant un regard à ses moutons ; jamais il ne les avait considérés ainsi ; puis, il s'écria : « C'est bien vrai tout de même ! Ah ! c'est un bon monsieur que *Çuila !* si le valions tous ici ? Mais ces histoires me fricassent la tête ; sont-y bêtes d'avoir tant d'esprit ; y n'en faut pas si gros pour vivre !

HUITIÈME PARTIE

Sur les Républiques, les Rois, les Empereurs.
Opinion de Samuel. — Contraste.

I

Les sociétés dans leurs transformations successives ont, suivant leurs progrès dans l'agriculture et l'industrie passé par des conditions bien diverses. Il nous semble utile pour ce qui est dit ici, de faire comprendre à ceux auxquels nous adressons cet écrit, pourquoi tel peuple s'est gouverné par une République, avant d'être conduit par un roi.

Nous voulons démontrer que la royauté eut fatalement sa raison d'être. Qu'un peuple a presque toujours cherché ce gouvernement lorsqu'il était arrivé dans certaines conditions, et qu'alors les rois, tout maudits qu'ils puissent être, ont été réclamés avec instance par le peuple.

De nos jours, la monarchie est une anomalie par rapport aux progrès réalisés. C'est donc pour cela, qu'aidés de l'histoire des peuples, nous savons pertinemment que nous devons nous en passer.

Les rois sont impuissants aujourd'hui pour nous donner la paix, le travail et la [stabilité par le progrès. Ils ont fait largement leur temps.

L'arbrisseau s'est fait arbre, et se passe fort bien de tuteur.

La façon dont un peuple vit et travaille, l'étoffe de ses vêtements suffisent ponr déterminer la forme de son gouvernement. Les peuplades reconnaissent un chef qui les groupe, en fait une chose cohésive, les conduit à la chasse des fauves et des hommes, à la guerre ; ce fléau aussi vieux que le monde !

Les peuplades qui, des travaux de la chasse, de la pêche passent au travail des champs et qui ébauchent l'industrie, ont les mœurs plus douces. Aussi, arrive-t-il fréquemment, l'histoire des temps nous le dit, c'est qu'ils ont des chefs nommés par l'élection et pour un temps déterminé. Ces chefs gouvernent plutôt en pères qu'en souverains. Seulement et c'est là que nous voulons en venir, ce n'est pas tout le peuple qui nomme ce pouvoir, ce sont les riches propriétaires de troupeaux. Dans ces sociétés embryonnaires l'industrie étant à sa naissance, entraine l'esclavage pour remplir ses fonctions. Cette forme de République est patriarchale oligarchique.

Plus tard, quand ce peuple avance dans l'agriculture et l'industrie et que les arts apparaissent, il se manifeste chez lui des goûts différents, des perceptions nouvelles. La généralité de la nation qui est en esclavage, éprouve le besoin d'être partie active. C'est alors que se montre la tendance à la royauté ; cette puissance d'un seul qui contient et abaisse les grands. C'est ce qui, à de certaines époques de notre histoire, nous a montré les rois s'appuyant sur le peuple, dont ils prenaient la défense.

Nous sommes loin de glorifier les monarques, mais faut-il dire les choses ce qu'elles sont. Il y a eu parfois quand on a eu la main heureuse, quelques bons rois.

Lorsque les peuples ont parcouru un champ plus vaste, qu'ils ont goûté de la conquête, que les produits de leur génie ont pris un plus grand essor, et si leur roi possède beaucoup d'ambition, ces peuples veulent imposer à d'autres nations leur suprématie.

C'est à ce moment que réapparaissent les grandes républiques qui dégénèrent le plus souvent en empires, parce qu'elles ne sont conduites que par quelques-uns. Ces empires, dirigés par la puissante activité d'un homme doué d'autant d'énergie que d'insatiable ambition.

Cet empereur unique dispensateur des désirs d'une nation immense, s'appuie ou feint de s'appuyer plus que les rois sur le peuple. Ces empires sont possibles par la volonté une fois exprimée, d'un peuple caressé et trompé ; son maître dit mieux connaître que lui-même ses besoins, et ce qui peut faire sa gloire.

Les empereurs sont, bien malgré eux, les préparateurs des Républiques démocratiques, si toutefois ils n'amènent par la corruption, la décadence des peuples.

Donc, pesons les choses à leur juste valeur. Disons nous que la démocratie comme il nous la faut n'était possible que dans les conditions où nous sommes depuis un siècle à peine. Nous saisirons mieux ce passage obligé des royautés absolues à celles constitutionnelles. Ces pauvres rois désirent tellement vivre, qu'ils se résignent à l'amputation !

Quand un vêtement est trop usé pour nous couvrir nous le remplaçons ; c'est justement ce que nous faisons actuellement, les royautés, les empires sont tellement rapetassés qu'ils ne valent plus rien de bon.

Sur le question Roi, laissons parler Samuel :

II

Ce sera ici la manière en laquelle vous traitera le roi qui règnera sur vous ; il prendra vos fils et les mettra sur ses chariots, et parmi ses gens de cheval et ils courront devant son chariot,

Il les prendra aussi pour les établir gouverneurs milliers et gouverneur sur cinquantaines pour faire son labourage, pour faire sa moisson et pour faire ses instruments de guerre et tout l'attirail de ses chariots.

Il prendra aussi vos filles pour en faire des parfumeuses, des cuisinières et des boulangères.

Il prendra aussi vos champs, vos vignes et les terres où sont vos bons oliviers, et il les donnera à ses serviteurs.

Il dîmera ce que vous aurez semé et ce que vous aurez vendangé et il les donnera à ses eunuques et à ses serviteurs.

Il prendra vos serviteurs et vos servantes, et l'élite de vos jeunes gens et vos ânes et les emploiera à ses ouvrages.

Il dîmera vos troupeaux et vous serez esclaves.

En ce jour-là, vous crierez à cause de votre roi que vous vous serez choisi, mais l'Eternel ne vous exaucera point en ce jour-là.

Mais le peuple ne voulut point acquiescer aux discours de Samuel, et ils dirent non, mais il y aura un roi sur nous.

Nous serons aussi comme toutes les nations et notre roi nous jugera et il conduira la guerre.

III

Représentons deux réunions d'hommes : l'une, celle des rois ; l'autre, celle des apôtres de la République.

Dans un splendide palais, où toutes les merveilles de l'art étaient prodiguées, se trouvaient réunis les rois, les princes, les ducs, les conseillers intimes et les soutiens de l'erreur. Ils étaient convoqués par le puissant dominateur du jour, à cette fin de recevoir d'eux le prix de ses victoires, la couronne impériale.

Le farouche et pieux altéré, voulait profiter de la réunion de tous ses vassaux, pour renouveler le pacte des rois contre les peuples.

Il se leva de son trône et tous se levèrent comme mus par un seul ressort, et d'une voix rude et impérieuse, parla ainsi :

Mes chers parents, mes cousins, mes amis en puissance, que Dieu vous ait en sa sainte garde.

Je suis heureux d'être au milieu de vous et c'est de votre sagesse que j'espère tout.

Ma nouvelle puissance qui est une récente manifestation de la Providence, rejaillira sur vous et vous rendra célèbres dans les souvenirs de mon peuple et dans le monde entier.

Mais d'autres soucis doivent s'emparer de nos esprits.

L'homme pauvre se pervertit : les destructeurs de toute au-
lorité soufflent à son oreille qu'il doit s'éclairer et faire valoir
ses droits. O mes bien-aimés parents, ô mes bien-aimés frères.
C'est l'impiété, c'est la désolation qu'on veut amener : d'une
main ferme arrêtons le mal à son départ; étouffons le crime
dans son germe.

Voilà ce qu'a produit la désobéissance à nos volontés, aux
exhortations des sages dont je vois ici les plus vénérés. Ils nous
aideront à écraser au plus tôt comme reptiles venimeux ces
doctrines dangereuses, dont la propagation se glisse jusque
dans la cabane de l'artisan, jusque sous le chaume du laboureur. Ces espérances effroyables qui portent le pauvre à désirer
un sort meilleur, doivent être anéanties et les auteurs de semblables impiétés seront exterminés.

Arrêtons ce torrent furieux et dévastateur, qui ferait rouler
et précipiterait dans l'abîme nos populations honnêtes, nos
saines doctrines dues à l'inspiration du Très-Haut et anéan-
tirait notre puissance.

Pour le pauvre, pour le misérable, c'est la résignation à nos
commandements, c'est l'observance des maximes de nos sages,
c'est l'amour du travail qui leur donneront le repos.

Oui, nous sommes élus de Dieu, choisis par sa sainte volonté pour être les bergers des troupeaux humains.

*Ainsi parla le dominateur du jour, et tous ces rois, ces
princes, ces ducs et les apôtres du mensonge s'inclinèrent,
acquiesçant à la parole du Maître. Tous ces hommes disaient
entre eux : La vérité sort de sa bouche, la sagesse est dans
son esprit, le génie est écrit sur son front.*

IV.

*Dans une salle d'hôtellerie, des personnes venues de parties
éloignées de la France, étaient présidées par un homme a l'air
doux et vénérable. Il prit ainsi la parole :*

« Chers amis, soyez les bienvenus. Vous avez répondu à
l'appel qui vous était adressé; je n'attendais pas moins d'aussi
vaillants cœurs : notre but vous est connu, nos instants sont
précieux parce que la situation est terrible pour notre malheureux pays, au secours duquel vous apportez le concours de vos
intelligences et de votre foi républicaine. Profitons du contact
généreux produit par ce foyer ardent de nos cœurs, et cherchons une solution heureuse qui puisse arracher la France aux
convoitises de l'esprit méchant, aux griffes de la misère; organisons pendant le temps que nous passerons ensemble, les
moyens d'une saine propagande.

« Que chacun de nous parle, écrive suivant son inspira
tion, ses lumières et son talent. Cette réunion est toute prépa-
ratoire; à la prochaine séance nous nous ferons part des efforts
accomplis et des résultats obtenus. Formons dès aujourd'hui un
comité d'initiative qui exposera à la réunion suivante les bases
d'opérations. Recherchons activement les hommes de bonne
volonté; appelons dans notre sein toutes les intelligences pures,
et quand viendra le moment de notre séparation, peut-être
aurons nous fait quelque bien. Courage, espoir et persévé-
rance.

« A l'œuvre mes amis, et recevez ma fraternelle bénédic-
tion. »

CONCLUSION

Les esprits sérieux, libres de toute prévention,
sont, par avance et par cela qu'ils n'ont pas d'at-
tache de parti, convertis et gagnés à la République.

Nous sommes convaincu que, défalcation faite des
adroits, des habiles, entretenant les erreurs qui
poussent aux monarchies; défalcation faite des personnes ignorantes de la chose publique, la majorité
des gens honnêtes, des gens dont le cœur est pur et
la raison droite, tous ces hommes se rangeront au
grand et national parti du gouvernement de la
République.

C'est ce gouvernement qui est la force dans le
droit, et dont la solidité d'assises peut se comparer
à celle de la pyramide, qui a sa base calculée de
telle sorte qu'aucune de ses parties ne peut s'en dé-
tacher et tomber.

C'est le seul gouvernement dont les racines soient
profondément enfoncées et prises dans toute la nation, nourries de la sève de l'intelligence de tous.

C'est le seul gouvernement qui puisse dans un
temps donné, retremper toutes les âmes, raffermir

tous les cœurs, élever à leur niveau toutes les facultés intellectuelles, d'où naîtront les bonnes mœurs, l'amour de ses semblables, les principes d'économie et d'ordre et la prospérité nationale.

La démocratie est le seul moyen qui s'offre pour faire rentrer au port où l'attendent d'immenses réparations, ce vaisseau de l'Etat depuis si longtemps battu par les vents contraires, balloté, tourmenté par les ouragants, qui s'est plusieurs fois brisé contre des écueils toujours renaissants , et dont la route a été hérissée de tant d'obstacles insurmontables. Ce vaisseau prend enfin une marche sûre, trouve les difficultés aplanies, évite les gouffres ; et, conduit par des chefs qui ont retrouvé le courage avec l'espoir, sont aidés dans l'œuvre de délivrance, par la bonne volonté de tout l'équipage.

Avons-nous fait comprendre toute l'importance qu'on doit attacher à l'institution de la garde nationale, le précieux secours qu'elle apporte au maintien de la République ?

Avons-nous fait toucher du doigt l'essor qu'elle donne à la réorganisation de l'armée, son influence sur les mœurs publiques et privées, si ternies aujourd'hui ? Nous avons voulu prouver que :

La Garde nationale est la tutrice, le modérateur et le générateur de la République ; elle en est la gardienne vigilante, déjà ses phalanges citoyennes rendent des services incontestables, que sera-ce à côté de ceux qu'elle est appelée à rendre. Ne considérât-on qu'un seul de ses heureux côtés, celui de sa puissance de ralliement, qu'on serait frappé d'admiration en présence de ce magnanime résultat.

Nous savons que la République doit être puissante,

grande et fière ; mais clémente, pacifique et généreuse et faisant accourir à elle ses enfants par sa
force attractive.

La République résume dans une magnifique syn-
thèse, toutes les bonnes pensées de l'homme.

L'idéal, ce mouvement de l'âme, vers lequel s'élancent tant de cœurs généreux, tant d'intelligences si
richement douées, l'idéal qui, jusqu'à présent, a été mis
dans les rangs de l'erreur, qui a supporté les sarcasmes
des froids égoïstes, de tous les chantres du chacun
pour soi. L'idéal ? mais il fera très-bon ménage avec
la pure raison ; ce sublime de la pensée, prendra
corps et ne fera qu'un avec la République qui est
la plus pure conception de l'esprit humain. Les tar-
tufes, les roués, et, après eux, les simples, les naïfs
qui les épèlent, ne disent-ils pas sans cesse que la
République est un gouvernement d'essence trop
parfaite, pour être pratiquée par les hommes qui
sont, eux, l'imperfection même.

Si nous avons pu persuader quelques esprits sérieux, nous serons content ; mais s'il nous était
donné d'avoir contribué au réveil de l'esprit public
chez les masses, nous serions trop heureux.

Quoiqu'il en soit, nous avons fait dans la mesure
de nos moyens pour convaincre, comme nous sommes convaincu nous-même. C'est aux puissants par
l'esprit, à ceux qui possèdent une douce et saine
influence, qu'appartient le devoir d'instruire, d'éclairer le peuple.

C'est le plus grand des services que puissent
rendre à la société ; les hommes de bonne volonté.

mars 1871.

Jean DUPONT.